JN439344

넌 바람 난 하늘

이 미 숙 디카시집

VOL · 8

교음사

시인의 말

이른 새벽 숲속에서
제일 처음 눈 맞춘 게 바람이었으니
내 마음은 지금 바람이 되어 있습니다

오늘 아침 처음 들은 게
새가 불러 주는 노랫소리였으니
내 마음은 지금 새가 되어 있습니다

그리고 숲길을 걸어 나오며
나뭇가지 흔들리는 걸 보았으니
내 마음은 한 그루 나무가 되어 버렸죠

가지마다 예쁜 꽃이 피고
새가 날아와 앉아 노래 부르는
그런 나무가 되어 숲길을 밝혀 줍니다

넌 바람 난 하늘

2021년 7월에 저자 이미숙

차례

넌 바람 난 하늘

행복

지금 이 순간 살아 숨쉬고
있는 것이 바로 행복입니다

내가 살아 있고
움직일 수 있다는 것이
행복인 것입니다

바람이 부는 날

바람이 많이 부는 날에는
헐벗은 나무가 애처롭게 보일 때가 있습니다.
계절이 바뀌듯이 언젠가는 누군가를 떠나보냅니다
사는 동안 서로 사랑하고
주어진 것에 감사하고 작은 것을
소중히 여기며
아름답게 살아갑시다

시화전

깜짝 놀라
두리번거리며
주위를 살폈습니다.

온통 세월의 그림자뿐인데
숲속 둘레길 꽃자락에는
시화전이 펼쳐 있습니다

소소한 일상

화려하지도
그리 높지도
아주아주 작은

바람처럼
구름처럼
그냥 그렇게

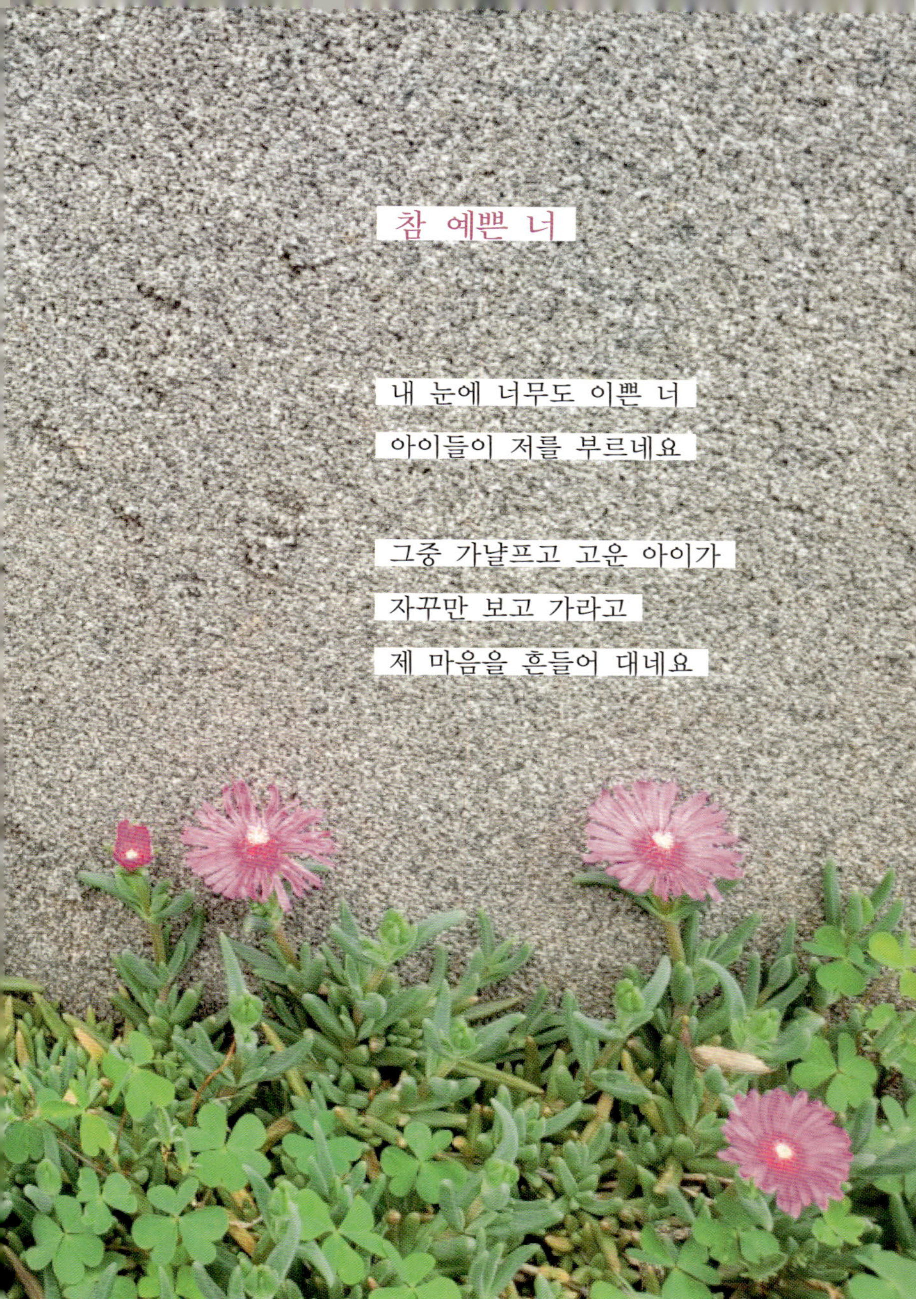

참 예쁜 너

내 눈에 너무도 이쁜 너
아이들이 저를 부르네요

그중 가냘프고 고운 아이가
자꾸만 보고 가라고
제 마음을 흔들어 대네요

봄꽃

예쁨을 안겨 주고는
이별을 기약하고 있는
마지막 일요일

봄꽃을 보면서
더 좋은 일들이 많아지길
기대해 봅니다

때죽나무

나무에 때가 낀 듯
침침하기도 하고
겸손의 미가 넘쳐서
늘 고개 숙인 너
그래도 네가 좋아
때 때 때 때
때죽나무야

넌 바람 난 하늘

참 아름다운 날이다
오늘같이 예쁜 날이면
사람과의 대화가 아니라
자연의 모습으로 이야기가
하고 싶은 날이다

넌 바람
난 하늘

숲길에서

아름다운 햇살이 내리쬐고
꽃향기 가득한 곳이면
덧없이 좋은 것 아닌가

참으로 신비롭구나

봉화산 가는 길

풀꽃에게 삶을 물었다
흔들리는 일이라 했다

물에게 삶을 물었다
흐르는 일이라 했다

산에게 삶을 물었다
견디는 일이라 했다

장도섬에서

유월의 봄날에
장도섬을 걷는다

노오란 별꽃도 풀 속에서 인사한다
장도섬을 가꾸는 손길이 고맙다

풀을 베어내서 풀내음이 향기롭다
풀냄새가 좋다
풀처럼 풀꽃처럼 살고 싶다

혼자 여행

아등바등 살지 않아도
꽃은 피고 집니다

더 화려해지려고 약 먹고
살지 않아도 되거든요

그냥
나답게 익어가면 됩니다

꽃향유

어느 날
숲속 오솔길을 걷다
키 작은 풀꽃을 만났습니다

사랑이 실린 글귀를 보면 너무나
감사하고 기쁘듯이
예쁜 향기 묻어나는 꽃과
행복의 연결고리를 만듭니다

사소한 행복

우리는 오직 행복을
멀리서 큰 것부터
찾으려 합니다

행복이란
세상을 바라보는
관점의 차이와 생각의
차이입니다

여기서 저기로
건너가는 그곳이
사소한 행복이지요
아니 그런가요

버티다

바라봐 주는 사람 하나 없어도
저 홀로 피어나는 파릇파릇 봄
바람이라도 불면 떨어질까 봐
내 마음 두근대는데도
아랑곳없이 씩씩하게
잘 버티는 너 자랑스럽구나

그냥

무심코
하늘 한번 올려다봅니다
그냥

두 눈 꼬옥 감고
가만히 내 마음
바다가 됩니다
그냥

선암사 가는 길

여보세요
가만히 귀 좀 빌려주세요
사각사각 팥빙수 가는 소리
사근사근 작은 바람 소리에
커피향이 휘날립니다

아!
여기는
선암사 가는 길목입니다

추락주의
Beware of the Falling
미역널방
금오도비렁길
여수시

금오도 가는 길

이 소리 저 소리
무지갯빛 하늘 위에서

작은 소리들이 오늘따라
점점점 커 갑니다
높이 높이

봉화산 가는 길

내가 기뻐하고
내가 슬퍼하는
내가 행복하고
내가 아름다운

아시나요 그 이유를
이시나요 그 마음을

숲속의 왈츠

온 세상이 펑펑 꽃물 터지는 소리에
돌 틈 사이 키 작은 풀꽃들이
기댈 곳 없어 하나같이 튀어나옵니다

청설모와 아가새의 흔들림에
온 나무가 흔들리네요
너무나 아름다워 눈물이 납니다
숲속의 왈츠

연두야

봄바람에 햇살이 포개져
기지개를 켜는 산천초목
그 연둣빛 세상에
연초록으로 물들어 보렴

연두야
꾸벅꾸벅 졸고 있는
병꽃나무 두 볼을 콕
흔들어 물으니
온 세상이 온통
연두에 물들어 차마 하늘을
올려다볼 수가 없구나

꽃에게

세상의 예쁜 꽃들아
너희들의 예쁨과 아름다움은
너의 곁에서 너희를 사랑했던
고마운 마음들을 잊지 말아라

가끔

사는 게 두려울 때는
뒤로 걸어 봅니다
등 뒤로 보이는 세상을 보며
살면서 가장 행복했던 순간을
생각하며 용기를 얻습니다

사는 게 힘이 들 때는
돌아온 길을
되돌아가는 것도
괜찮습니다
마치 자동차로 되돌아오는 것처럼

가만히

세상에서 이렇게 예쁜 차
보셨나요
가만히 마음을 기대어 보세요
세상이 아름다워 보입니다

찰랑이는 숨결
그윽한 향기로움
세상에서 이렇게 착한 차를
보셨나요

머뭇거리다

화들짝 패인 볼우물에
가득 고인 깊은 정
강물 같아서

이 몸이 꽃잎 된다 하여도
담가 놓은 매실주 향기 섶에
둥둥 띄워 익어가기를 기다리며

지나치지 못하고 곁에서
서성이는 까닭을 알기나
하는 거니?

봄 소리

두 눈을 꼭 감고
마음의 커튼을 풀어헤치고
두 귀를 모아
저만큼 바람 커튼으로
한편만 다가갑니다

산새 풀잎 제비꽃 다람쥐
들리시나요?
숲속의 향기가

길 위에서

세월만큼이나 머언 거리에
햇살이 곱게 누워 있습니다
바꾸어 말하면
시작의 출발점이 아닐는지요

사이

하늘과 땅
그 사이로 날아다니는
비둘기떼
순리에 따르는 삶은
아름답습니다

방식은 달라도
세모 네모 동그라미
나는 어떤 모습으로
살아가는지

하모니를 사랑하는 사람들의
아름다운 이야기

새벽 산책

나는 가끔
바다가 보이는 곳
저수지를 지나
연둣빛 사랑 되어
편백나무 친구 앞에서
예쁜 시집 닮은
작은 악기 하모니카로
나의 마음을 달래기도
아! 행복한 새벽 산책

이웃들

이 세상 살아가면서
고마운 일들이 참 많다
맛있는 것 만들었다고
싸 들고 오는 이웃도 고맙고

힘들 때 전화해서 몇 시간이고
들어주고 수다 떨게 해주는
동생 같은 언니 같은 그분들의
미소 가득한 마음으로 찰칵

숲속에서의 아침 세레나데

산다는 것은
아름다운 숙제
그립다는 것은
내가 살아 있다는 표현

그립고 아름다운
한편의 동화 같은 인연
난 그대를 향하여
프리지어 꽃으로
노래하리라

숲속에서의
아침 세레나데

구석

햇살이 때때로 들지 않아
자주 그늘지는 곳
떨어진 나뭇잎들이
구르다가 모여드는 곳
구겨진 휴지들이 찾아드는 곳

그곳이 없으면
나뭇잎들의 굴러다님이
언제 멈출 수 있을까

한 가족이 구석에서
오손도손 뒹구는 게
참 아늑하다

나도 옛날에는 젊었는데

시집에 필요한 재료 가지러
순천 정원박람회장
마스크 꼭 눌러쓰고

바람 한 스푼
구름 한 스푼
꽃향기 한 스푼
젊어지고 갑니다

문득 나도 옛날에는 젊었는데

코로나19로 지친, 여수시민을 위로하는

숲속음악회

두 눈을 꼭 감고
두 귀를 모아 저만큼
바람 커튼으로
한켠만 닦아 갑니다

산새 풀잎 제비꽃 다람쥐
모두 모여 숲속의 힐링
눈부시도록 아름다운 날

눈부시다

눈 코 입
어디 하나
흠낼 곳이 없구려

지난밤 꿈길에
너를 만나려
이 아침이 눈부시던가

나는 여자이니까

소리와 함께
다가오는 우리들의 시간

나이와 함께
아름다워지고 싶습니다

강

마음 터에 반짝이는
뗄 수 없는 그리움 강
강줄기 마음 되어
행복 그림으로
그 안에 주인공이 된다

어떤 회상

쿵쿵쿵
아직도 소녀처럼
가슴이 두근두근

만지작거렸던 마음들이
용기로 변하는 순간
그대는 나의 별이 되었습니다

참 아름다운 날이다

오늘같이 예쁜 날이면
자연의 숲은 말을 한다

사람과의 대화가 아니라
자연의 모습으로 이야기가
하고 싶은 계절이라고

나무와 사랑

별이 너무 아름다워서
당신께
또 편지를 쓰게 하네요
'사랑'
참 예쁜 행복을
당신께 배웠습니다
첫사랑도
이렇게는 못했거든요

늘 초조해하며
긴장하게 했는데
지금은 기다림을 즐기며
긍정하는 여유를 갖습니다

지금 난 나무 곁에서
어떻게 답장을 써야 하나
두 눈을 감고 그리고
공사 중입니다

나팔꽃 사랑

날씨는
내 몸을 들었다 놨다
그대는
내 맘을 들었다 놨다

몸도 맘도 만신창인데
그래도 네가 좋다
게으름 피지 않고 피워 줘서

너도 내가 좋지
잊지 않고 기억해 주니

요리

수줍은 햇살로 아침을 열고
아련한 그리움 한 줌으로
멋진 요리를 하겠습니다

조미료를
조금 첨가할 거예요
가끔 짠맛이 나면
천일염이라 그렇구나
이해하시면 좋겠어요

정성과 사랑과 장미향을
마시며 그리고
창가에 앉아
그 향기에 취해
거울을 보며 웃겠습니다

그곳에는

시간은 거꾸로 흐르고
나이는 숫자가 되고
그 속에서 나는 잠시
멈춤한다

그곳에는
동화 같은 이야기가 있다

어쩌란 말이더냐

아침을 볼 수 있어 행복하고
붉게 물든 저녁을 볼 수 있어 행복하고

노래가 있어 행복하고
꿈이 있어 행복하고
사랑을 베풀 수 있어 행복하고

봄 여름 가을 겨울
아름다운 세상을 볼 수 있어
행복한 것을

꼭꼭 숨어라

어느 골목에서
해질녘이 되면
술래야
밥 먹어라
하는

엄마의
목소리가
들려온다

마음밭

인연도 텃밭이에요
그래서 가꿈이 필요하지요
마음밭에 어느 날 우연히
설렘이라는 씨앗을 예쁘게
꽁꽁 심어 봅니다

변신

너 낯설다
그래도 눈길이 간다
자꾸 바라본다

어느새 내 마음
모두 통째로
줘버렸다

나리꽃의 변신은
무죄

다시

톡톡톡
오염된 허물을 벗겨내는
나무들처럼
오장육부에 쌓인
낡고 부패한 찌꺼기
말끔히 씻어내고
깨끗하고 정갈하게
다시 태어나고 싶다
파릇파릇 돋아나는 새싹처럼

그리움

가장 힘들 때 생각나는 사람
가장 기쁠 때 보고 싶은 사람
가장 외로울 때 그리운 사람

어쩌면
이게 그리움인가 보다

사랑

아침을 볼 수 있어 행복하고
붉게 물든 저녁을 볼 수 있어 행복하고,

봄, 여름, 가을, 겨울,
아름다운 세상을 볼 수 있어 행복하고

아름다운 사랑은
서로를 닮아가며 공감하는 것

참 예쁜 너

애야 참 예쁘구나
라고 말하는
나의 등 뒤로
조잘조잘

작은상자
조심스럽게
차곡차곡
넣어 둡니다

머리 조심하세요

사는 게 두려울 때는
뒤로 걸어 봅니다

등 뒤로 보이는 세상을 보며
살면서 가장 행복했던
순간을 생각해봅니다

머리
조심하세요

이미숙 디카시집

넌 바람 난 하늘

2021년 7월 25일 초판 인쇄
2021년 7월 30일 초판 발행

지은이 / 이미숙

발행인 / 강병욱
발행처 / 도서출판 교음사

03147 서울 종로구 삼일대로 457 수운회관 1308호
Tel (02) 737-7081, 739-7879(Fax)
e-mail / gyoeum@daum.net
등록 / 제2007-00052호

* 잘못된 책은 바꾸어 드립니다. 값 10,000 원

ISBN 978-89-7814-828-3 03810